PREMIER
LIVRE DE LECTURE

A L'USAGE DES ÉCOLES

TENUES PAR

LES FILLES-DE-LA-SAGESSE

OUVRAGE APPROUVÉ PAR LE CONSEIL DE L'INSTRUCTION PUBLIQUE.

POITIERS

HENRI OUDIN, LIBRAIRE-ÉDITEUR,

RUE DE L'ÉPERON, N° 4.

Troisième Tableau (¹).
SONS ET ARTICULATIONS
En lettres romaines, en majuscules et en italiques.

a	A	*a*
â	Â	*â*
e	E	*e*
é	É	*é*
è	È	*è*
ê	Ê	*ê*
o	O	*o*
ô	Ô	*ô*
i	I	*i*
u	U	*u*
eu	EU	*eu*

(1) Les deux premiers tableaux représentant les objets dont l'écho forme les sons et les articulations, il est à la fois inutile et dispendieux de les reproduire ici.

MÉTH. LECT. SAG.

ou	OU	*ou*
in	IN	*in*
un	UN	*un*
an	AN	*an*
on	ON	*on*
oi	OI	*oi*
oin	OIN	*oin*
b	B	*b*
p	P	*p*
d	D	*d*
t	T	*t*
v	V	*v*
f	F	*f*

— 3 —

g	**G**	*g*
c	**C**	*c*
z	**Z**	*z*
s	**S**	*s*
j	**J**	*j*
l	**L**	*l*
m	**M**	*m*
n	**N**	*n*
r	**R**	*r*
ch	**CH**	*ch*
gn	**GN**	*gn*
ill	**ILL**	*ill*

Quatrième Tableau.

SONS ARTICULÉS.

ab	ap	ad	at	af
ib	ip	id	it	if
ob	op	od	ot	of
ub	up	ud	ut	uf
ac	ag	as	al	ar
ic	ig	is	il	ir
oc	og	os	ol	or
uc	ug	us	ul	ur
ur	èz	int	ir	uz
euz	im	ont	ol	oub
oup	is	af	or	and
êt	onc	iz	âb	ut
âd	il	ôc	ès	ig

oir	op	ât	ôf	ac
up	oul	èc	âs	ôr
ôl	ud	our	âb	ut
inc	os	ul	ouc	ot
out	uc	ôs	êr	oil
ar	oit	ot	az	if
éur	ouf	anb	int	êp
èt	ant	og	uf	ag
oif	âp	ès	ôb	ub
us	euf	âg	anc	ag
ôd	ôp	eul	êf	it
ôg	as	ug	anl	af
ing	oc	âl	ot	ir
ac	èb	af	èg	ok
âr	èl	eut	anp	ip

Cinquième Tableau.

SYLLABES FORMÉES D'UNE ARTICULATION ET D'UN SON.

b.â	b.e	b.i	b.ô	b.u
p.â	p.e	p.i	p.ô	p.u
d.â	d.e	d.i	d.ô	d.u
t.â	t.e	t.i	t.ô	t.u
v.â	v.e	v.i	v.ô	v.u
f.â	f.e	f.i	f.ô	f.u
g.a	g.o	g.ou	g.an	g.oi
c.a	c.o	c.ou	c.an	c.oi
z.a	z.o	z.ou	z.an	z.oi
s.a	s.o	s.ou	s.an	s.oi
j.a	j.o	j.ou	j.an	j.oi
l.a	l.o	l.ou	l.an	l.oi

m.é	m.è	m.ê	m.eu	m.on
n.é	n.è	n.ê	n.eu	n.on
r.é	r.è	r.ê	r.eu	r.on
ch.é	ch.è	ch.ê	ch.eu	ch.on
gn.é	gn.è	gn.ê	gn.eu	gn.on
ill.é	ill.è	ill.ê	ill.eu	ill.on
ill.ou	ill.e	ill.i	ill.o	ill.in
gn.ou	gn.e	gn.i	gn.o	gn.in
ch.ou	ch.e	ch.i	ch.o	ch.in
r.ou	r.e	r.i	r.o	r.in
n.ou	n.e	n.i	n.o	n.in
m.ou	m.e	m.i	m.o	m.in
l.ou	l.ô	l.an	l.â	l.oin
j.ou	j.ô	j.an	j.â	j.oin
s.ou	s.ô	s.an	s.â	s.oin

z.ou	z.ô	z.an	z.â	z.oin
c.ou	c.ô	c.an	c.â	c.oin
g.ou	g.ô	g.an	g.â	g.oin
f.eu	f.ê	f.un	f.é	f.on
v.eu	v.ê	v.un	v.é	v.on
t.eu	t.ê	t.un	t.é	t.on
d.eu	d.ê	d.un	d.é	d.on
p.eu	p.ê	p.un	p.é	p.on
b.eu	b.ê	b.un	b.é	b.on

Sixième Tableau.

EXERCICE DU TABLEAU PRÉCÉDENT.

p.a-p.e, m.a-m.an, j.o-l.i, r.o-b.e, z.è-l.e, l.a-m.e, l.un-d.i, b.i-j.ou, v.i-gn.e, p.è-r.e, f.ê-t.e, p.ou l.e, f.è-v.e, l.i-r.e, b.i-ch.e, g.a-l.on, m.o-r.a-l.i-t.é, f.u-m.i-g.a-t.oi-r.e, c.a-p.i-t.a-l.e, m.an-d.o-l.i-n.e, c.on-f.i-t.u-r.e, l.a-b.o-r.a-t.oi-r.e, d.é-b.an-d.a-d.e, d.é-c.ou-p.u-r.e, d.i-v.i-n.e, v.é-r.i-t.é, c.a-l.e-p.in, m.é-d.a-ill.on, f.u-t.i-l.e, é-c.o-l.e, ch.a-r.a-d.e, c.ou-c.ou, c.a-r.ê-m.e, c.a-b.a-l.e, f.eu-ill.e-t.on, s.e-r.in, m.é-m.oi-r.e, s.a-l.a-d.e, c.a-p.o-t.e,

1*

m.a-gn.a-n.i-m.i-t.é, c.on-s.ou-d.e,
t.u-l.i-p.e, r.e-l.a-t.i-v.e, p.a-v.é,
â-n.e, m.é-r.i-t.oi-r.e, s.a-v.a-t.e

―――

fê-te, pè-re, pou-le, vi-gne, pin-son,
ma-man, fè-ve, la-me, li-re, se-rin,
jo-li, bi-jou, ta-lon, ro-be, chi-ca-ne,
pa-pe, zè-le, bi-che, lu-ne, cou-cou,
mé-ri-toi-re, man-do-li-ne, sa-la-de,
dé-ban-da-de, ca-ra-bi-ne, mo-ra-li-té,
ca-pi-ta-le, dé-cou-pu-re, con-fi-tu-re,
lun-di, pa-vé, ca-ve, é-pi-ne, â-ne,
mon-ta-gne, di-vi-ne, con-te, jou-jou
feu-ille-ton, ca-rê-me, fu-ti-le, é-co-le,
ca-le-pin, mé-da-illon, con-sou-de,

vé-ri-té, mé-moi-re, ca-ba-le, ga-lon, cha-ra-de, fu-mi-ga-toi-re, re-la-ti-ve, ca-pi-tu-le, ma-gna-ni-mi-té, ca-po-te, la-bo-ra-toi-re, mi-nu-te, ri-va-li-té, ca-ba-ne, sa-va-te, bâ-ton, tu-li-pe.

---

maman, vigne, fête, lundi, chicane, biche, lame, fève, bijou, joli, samedi, lune, zèle, père, poule, lire, pinson, pape, robe, pavé, cave, midi, serin, découpure, méritoire, épine, coucou, mandoline, confiture, carabine, âne, capitale, moralité, débandade, conte, joujou, cabane, école, rivalité, galon, vérité, calepin, montagne, dimanche, médaillon, consoude, carême, divine, cabale, futile, mémoire, capote, pan, charade, feuilleton, figure, bouche, magnanimité, relative, capitule, pou, fumigatoire, volubilité, ligne, talon, minute, salade, laboratoire, rouille, ripe, savate, tulipe, madame, bâton.

Septième Tableau.

SYLLABES FORMÉES D'UNE ARTICULATION ET D'UN SON ARTICULÉ.

b.ag	b.ab	b.as	b.ouc	b.or
p.al	p.oil	p.us	p.ic	p.ir
d.ad	d.oc	d.os	d.uc	d.ar
t.al	t.ar	t.is	t.ic	t.ir
v.ul	v.is	v.ar	v.ir	v.ol
f.al	f.or	f.is	f.ur	f.ir
g.ar	g.ol	g.as	g.al	g.ad
c.our	c.ar	c.ap	c.oul	c.ob
z.ug	z.ig	z.or	z.ir	z.ag
s.oir	s.ac	s.oif	s.ul	s.il
j.ar	j.us	j.our	j.as	j.ac
l.oir	l.our	l.ap	l.ac	l.eur

m.ir	m.ar	m.al	m.as	m.eur
n.oir	n.eur	n.if	n.ul	n.euf
r.ap	r.ab	r.up	r.as	r.us
ch.as	ch.if	ch.eur	ch.ac	ch.ar
gn.al	gn.eul	gn.ol	gn.eur	gn.ac
ill.eul	ill.ac	ill.eur	ill.ir	ill.ar

---

j.ob	d.us	l.ir	j.og	m.ag
p.eul	r.ip	m.og	l.oir	p.if
v.og	b.ar	b.il	z.is	b.is
z.ic	r.af	p.our	b.èc	f.our
t.our	c.our	d.ir	v.oir	n.oir
f.ic	b.if	v.al	b.al	gn.a
d.ur	c.or	l.or	v.ag	g.ap
d.ar	m.il	m.ig	l.op	s.ug

t.or	d.og	t.ol	l.ar	p.or
n.il	p.ar	d.or	t.ur	p.ol
t.if	s.eul	f.il	r.og	v.op
r.ig	j.og	b.us	j.ig	g.or
p.us	r.ag	d.eul	f.uc	j.ap
g.og	b.eur	p.uc	m.ap	r.ad
d.ing	c.ac	r.ag	r.op	z.al
c.al	c.up	f.ar	p.ul	j.os
s.uc	d.ul	b.ol	p.il	d.il
p.ig	m.ur	c.al	c.ol	m.ol

Huitième Tableau.

EXERCICE DU TABLEAU PRÉCÉDENT.

l.a-b.eur, v.ul-g.a-t.e, f.u-t.ur,
n.il, p.ou-d.ing, d.og-m.e, c.ap,
d.oc-t.e, l.ac, g.ol-f.e, m.o-g.ol,
s.ac, b.ag-d.ad, b.os-t.on, g.ad,
é-r.as-t.e, c.o-gn.ac, ch.ap-t.al,
j.a-c.ob, r.oc, t.ar-t.e, t.a-r.if,
c.on-s.ul-t.e, v.ir-g.u-l.e, t.our,
j.us-t.e, g.ar-d.on, m.ar-m.i-t.e,
j.ob, s.i-gn.al, j.ar-d.in, p.is-t.o-l.e,
j.as-m.in, g.as-c.on, r.o-gn.eur,
b.al-c.on, s.ou-p.ir, m.ou-ch.oir,
m.al, p.ar-d.on, n.ul, m.as-t.ic.

dor-mir, seul, pé-cheur, vis, dur,
vou-loir, mé-tal, fis-cal, fal-si-fi-é,
ti-reur, fu-tur, lis-te, for-tu-ne,
as-pic, gan-se, zig-zag, tour-neur,
ca-nif, bouc, sor-tir, da-vid, soc,
char-te, a-va-loir, lour-de, bo-cal,
bal-con, la-bour, par-don, da-tif,
doc-teur, cour-bu-re, cu-roir, lis,
tour, as-tè-re, neuf, dé-cor, col,
fas-te, donc, dic-ton, rup-tu-re,
ta-rif, jour-nal, cas-tor, fac-tu-re,
four-mi, sar-cas-me, dis-cou-rir,

larme, naval, picpus, sol, porte,
dortoir, monacal, futur, sultan,

pouf, motif, four, zinc, indostan, sur, parti, cordon, raoul, morne, épagneul, juste, tiroir, animal, buste, bourse, soif, doctoral, cor, dictature, garde, cornichon, corne, écharpe, étourdir, lavoir, légal, parti, libéral, volcan, jaspe, poil, bâton, raboutir, amiral, carpe, faste, carte, noir, poste, moral, discourir, tarif, sarcasme, tour.

Neuvième Tableau.

ARTICULATIONS DOUBLES ET SYLLABES RENFERMANT DES ARTICULATIONS DOUBLES.

bl	*br*	*cl*	*cr*	*fl*
fr	*gl*	*gr*	*pl*	*pr*
dr	*tr*	*vr*	*st*	*str*
sc	*scr*	*sp*	*spl*	*ps*
bl.a	bl.e	bl.i	bl.o	bl.u
br.a	br.e	br.i	br.o	br.u
cl.eu	cl.in	cl.an	cl.oi	cl.a
cr.eu	cr.in	cr.an	cr.oi	cr.a
fl.é	fl.ê	fl.ô	fl.u	fl.ou
fr.é	fr.ê	fr.ô	fr.u	fr.ou
gl.un	gl.on	gl.oin	gl.a	gl.e
gr.un	gr.on	gr.oin	gr.a	gr.e

pl.e	pl.o	pl.i	pl.eu	pl.in
pr.e	pr.o	pr.i	pr.eu	pr.in
dr.an	dr.oi	dr.â	dr.é	dr.ê
tr.an	tr.oi	tr.â	tr.é	tr.ê
vr.ê	vr.â	vr.u	vr.ou	vr.on
st.ê	st.â	st.u	st.ou	st.on
str.a	str.ô	str.i	str.on	str.u
sc.ou	sc.an	sc.a	sc.u	sc.o
scr.u	scr.i	scr.o	scr.an	scr.é
spl.in	spl.on	spl.é	spl.u	spl.ô
bl.is	bl.ic	bl.if	bl.oc	bl.ir
br.is	br.ic	br.if	br.oc	br.ir
cl.ic	cl.ac	cl.oc	cl.or	cl.ouc
cr.ic	cr.ac	cr.oc	cr.or	cr.ouc
fl.us	fl.uc	fl.ag	fl.ic	fl.ac

fr.us	fr.uc	fr.ag	fr.ic	fr.ac
gl.ad	gl.ob	gl.oir	gl.ab	gl.os
gr.ad	gr.ob	gr.oir	gr.ab	gr.os
pl.us	pl.uc	pl.ur	pl.eur	pl.ir
pr.us	pr.uc	pr.ur	pr.eur	pr.ir
dr.ap	dr.op	dr.ic	dr.ac	dr.uf
tr.ap	tr.op	tr.ic	tr.ac	tr.uf
vr.ir	vr.ar	vr.il	vr.ip	vr.us
st.ir	st.ar	st.il	st.ip	st.us
str.al	str.os	str.uc	str.ic	str.ol
sc.ot	sc.ar	sc.ol	sc.of	sc.our
sp.ir	sp.eur	sp.oir	sp.ol	sp.al
ps.al	ps.or	ps.oul	ps.il	ps.ar

Dixième Tableau.

EXERCICE DU TABLEAU PRÉCÉDENT.

sp.i-r.a-l.e, st.é-r.i-l.i-t.é, sp.a, st.o-r.e, gl.a-n.eur, gr.ou-p.e, sp.on-t.a-n.é, st.a-bl.e, br.in, s.ouf-fl.e, r.é-p.an-dr.e, gl.u, fr.i-r.e, pl.an-t.e, pr.é-t.oi-r.e, as-tr.o-n.o-m.e, m.ar-br.u-r.e, cr.i-bl.e, n.o-bl.e, gr.a-v.e, bl.é, sc.or-s.o-n.è-r.e, as-tr.e, on-gl.e, m.ar-br.e, ar-t.i-cl.e, n.a-cr.e, bl.an-ch.â-tr.e, tr.ou-b.a-d.our, ou-vr.oir, st.è-r.e, br.an-d.on, an-gl.e, or-dr.e, pl.a-t.a-n.e.

trin-gle, cra-va-te, gloi-re, clou, crâ-ne, pro-bi-té, ma-cle, gra-de, plu-me, pu-blic, bloc, spa-tu-le, tor-dre, é-ta-blir, spas-me, club, fleur, câ-pre, bru-me, struc-tu-re, fruc-ti-dor, ou-vrir, bre-dou-ille, o-ra-cle, fri-me, spar-te, pru-ne, stra-bis-me, dé-trac-teur, psal-mis-te, in-scrip-teur, mul-ti-flo-re, pli, scru-pu-le, scar-la-ti-ne, poi-vre, in-scri-re, trou-pe, cré-pus-cu-le, pro-mon-toi-re, scri-be, mor-dre.

---

breton, frugal, scorpion, trictrac, stade, crabe, stigmate, scandale, rifloir, flicflac, psalmodié, clore, contraste, glouton, stipule, écran, scrutin, stature, râcleur, dragon, plantin, déplorable, spiritualité, foudre, épingle, cloche, détruire, flèche, table, nègre, livre, crêpe, cruche, lustre, grande, déplorable, double, trafic, poudre, triangle, route, prime, branche, pourpre, être, dublin, arbre, coudre, pli.

Onzième Tableau.

LETTRES MUETTES A LA FIN DES MOTS.

gant, dans, é-tang, blanc, grand, glands, é-lé-gants, rangs, francs.

bu-is, plu-ie, nid, fru-it, riz, ou-til, pu-its, fen-ils, lit, gris, dé-bris.

croix, mois, doigt, froid, croit, foie, voies, poids, droits, voient, soie.

jar-dins, cha-grins, vingt, sa-pins, gradins, vins, lapins.

fond, tronc, long, front, rond, blond, jonc, pont, gond.

point, coing, soins, joints, moins, poings.

bourg, court, lourd, se-cours, Fri-bourg, cours, sourd, re-bours.

bord, fort, tors, cors, corps, re-mords, port.

MÉTH. LECT. SAG.

flot, sa-bot, dé-pôt, ra-bot, tan-tôt, pot, tri-cot.

dé-but, re-fus, flux, re-flux, ta-lus, a-bus, buts, con-fus.

plat, chat, rat, mât, ta-bac, a-vo-cat, sé-nat, al-ma-nach.

roue, toux, loup, coups, pouls, goût, proues, é-gouts, choux, boue.

prêts, mêts, fo-rêts, rêts, in-té-rêt.

---

coud, li-ard, bond, nard, re-bord, grand, art.

man-dat, lin-got, sa-lut, ha-bit, gra-bat, sa-bot, tri-but.

ga-lop, loup, drap, trop, coup, a-bord.

par-vis, pou-les, sou-ris, ré-pons, an-chois, re-fus.

choix, roux, pi-eux, toux, poix, prix, bre-bis.

Douzième Tableau.

LETTRES MUETTES DANS LE MILIEU DES MOTS.

sab-bat, ab-bé, Ab-be-vil-le, rab-bin, bap-tê-me.

ag-glo-mé-ré, ag-gra-vé, ag-glu-ti-nant, ag-gra-vant, suf-fra-gant.

hom-me, flam-me, pom-me, com-mo-de, som-me, gram-me.

Ma-rie[1], dé-bar-ras, ar-ri-vée, bar-re, car-re-four, mar-ron, car-ri-o-le, nue, vie.

ap-pro-chant, grip-pe, ap-poin-té, ap-pé-tit, ap-prê-teur, ap-pu-i.

---

lit-té-ral, ba-rat-te, mot-te, at-ta-che, frot-té, nat-te, dat-te.

---

(1) Sans être entièrement muet, l'e à la fin d'un mot précédé d'un des sons é, i, u, oi se prononce très-faiblement, c'est pourquoi nous l'indiquons muet.

grif-fon, dif-fi-cul-té, dif-fé-ré, dif-for-me, gouf-fre, dif-fus.

co-los-se, cou-lis-se, chas-se, pous-sin, tra-cas-se-rie.

col-li-ne, al-lée, bal-le, vil-le, dal-le, tul-le, bul-le.

Van-nes, ba-ron-ne, co-lon-ne, con-né-ta-ble, bon-ne.

ac-crou-pir, oc-cu-pé, ac-ca-blé, ac-cord, ac-croi-re, ac-croc.

———

ba-gue, gué-ri-don, gui-ta-re, guê-pe, guê-tre, gué-ri-te, gueu-le.

pain, le-vain, ain-si, re-frain, saint, cha-pe-lain, crain-dre.

sein, frein, teint, se-rein, pein-tre, reins, j'eus, il eut, as-seoir.

Saô-ne, août, taon, paon, Laon.

———

Treizième Tableau.

NOUVEAUX SIGNES DES SONS.

a	à	voi-là, à moi, dé-jà, ho-là.
	e	fem-me, so-len-ni-té.
â	a	tré-pas, fri-mas, li-las, glas, re-pas, hé-las.
é	e	li-mer, pri-er, mon-trer, chan-de-li-er, bou-cli-er, nez, chez, as-sez.
	ai	j'i-rai, mai, j'al-lai, je chan-tai.
è	e	dis-cret, bon-net. sif-flet, go-be-let.
	ei	pei-ne, vei-ne, ba-lei-ne, pei-gne.
	ai	par-fait, lai-de, fait, trai-teur, por-trait, re-trai-te.
ê	e	il est, mes, tes, ses, les, des.

ê	è	con-grès, a-près, très, dès.
	ai	j'ai-me, paix, par-faits, por-te faix, traits, san-gui-nai-re.
i	î	î-le, dî-me, é-pî-tre, dî-ner, a-bî-me.
	ï	Ja-ï-re, na-ïf, Si-mo-ïs, hé-ro-ï-ne.
	y	Y-on-ne, Ly-on, syl-la-be, myr-te.
o	u	al-bum, o-pi-um, rhum, fac-to-tum.
ô	o	re-pos, dis-pos, gros, clos, lin-got.
	au	au-teur, au-mô-ne, bau-me mau-ve, fau-te, vau-tour eau, ba-teau, beau-té, plu-meau, car-reau.
u	û	flû-te, mû-re, sûr, bû-che
	ü	Sa-ül, An-ti-no-üs, Ar-ché-la-üs

Quatorzième Tableau.

SUITE DU TABLEAU PRÉCÉDENT.

eu		
	ue	cue-illet-te, ac-cue-illir, or-gue, re-cue-illi.
	œ	œ-illet, œ-illa-de, œ-illè-re, œ-ille-ton.
	œu	ma-nœu-vre, vœu, nœud, œuf, œu-vre.

ou		
	u	*après l'articulation c, représentée par q :*
		é-qu-a-teur, qu-a-dru-pè-de, a-qu-a-ti-le.

in		
	im	im-pie, im-pôt, faim, im-pri-mer, pim-pant, tim-bre.
	en	chré-ti-en, bi-en-tôt, men-tor, main-ti-en, chi-en, li-en, eu-ro-pé-en.

in	em	sem-per-vi-rens, sem-pi-ter-nel, **Nu**-rem-berg.
	yn	syn-chro-nis-me, syn-co-pe, syn-dic.
	ym	**O**-lym-pe, thym, symp-tô-me, sym-bo-le, sym-pa-thie.
un	um	hum-ble, par-fum.
an	am	am-bas-sa-de, cham-bre, jam-bon, tam-bour, am-pou-le.
	en	en-fant, men-tal, en-chan-teur, men-the, en-cre, ven-tre.
	em	em-bar-ras, trem-bler, em-pi-re, in-gre-di-ent, sem-bla-ble.
on	om	com-po-te, plomb, prompt, pom-pe, tom-be, om-bre.

ai-i	a-y	pa-i-is.	pa-ys.
		ab-ba-ie.	ab-ba-ye.
		rai-i-on.	ra-y-on.
		bé-gai-i-er.	bé-ga-y-er.
ei-i	e-y	gras-sei-i-er.	gras-se-y-er
oi-i	o-y	moi-i-en.	mo-y-en.
		roi-i-au-me.	ro-y-au-me.
		joi-i-eux.	jo-y-eux.
		voi-i-el-le.	vo-y-el-le.
		loi-i-al.	lo-y-al.

Quinzième Tableau.

NOUVEAUX SIGNES DES ARTICULATIONS.

t	d	pi-e*d*-à-ter-re, gran*d* ar-bre.
v	w	wa-gon, wa-lon, **W**é-mar.
	f	neu*f* ans.
f	ph	pha-re, phé-no-mè-ne, pa-ra-phe, stro-phe, phos-pho-re.
s	c	ci-seau, cerf, cent, gla-ce, cein-tu-re, ra-ci-ne.
	ç	fa-ça-de, le-çon, re-çu, ma-çon-ner, per-çoir, ber-çant.
	t	por-ti-on, Hel-vé-tie, i-mi-ta-ti-on, pa-ti-en-ce, fac-ti-eux, pro-phé-tie.
	x	soi-xan-te, Bru-xel-les, Au-xer-re.

— 35 —

g	e	se-cond, se-con-dai-re.
z	s	Jé-sus, ro-se, gri-se, frai-se, rai-sin, ré-si-ne, loi-sir, a-si-le, ca-se.
	x	deu-xi-è-me.
c	g	gan-grè-ne, long in-ter-val-le.
	k	ki-lo-mè-tre, Nan-kin, Pé-kin, ko-ran, A-bou-kir.
	q	é-qu-a-teur, ban-que, qua-li-té, a qu-a-ti-que, qu-a-dru-pè-de.
	ch	ar-chi-é-pis-co-pal, Mel-chi-sé-dech, or-ches-tre.
	x	ex-cès, ex-cel-len-ce, ex-ces-sif, ex-cé-der.
j	g	lin-ge-rie, ar-gent, en-gin, an-ge, Gé-dé-on, man-gea.
ill	il	ca-mail, ac-cueil, tra-vail, œil, portail, deuil.

ill	ll	bi-llard, fi-lle, ai-gu-i-llon, gri-lle, qui-lle, Gui-llau-me	
	l	A-vril, mil, gré-sil.	
cs	x	lu-cse.	lu-xe.
		ve-csa-ti-on.	ve-xa-ti-on.
		fi-cse.	fi-xe.
		ma-csi-me.	ma-xi-me.
		fle-csi-ble.	fle-xi-ble.
gz	x	e-gza-men.	e-xa-men.
		gza-vi-er.	Xa-vi-er.
		e-gzem-ple.	e-xem-ple.
		e-gzau-cer.	e-xau-cer

Seizième Tableau.

LECTURE PAR MOTS DÉTACHÉS.

U-ne dou-ce ré-si-gna-ti-on, u-ne con-fi-an-ce sain-te en la pro-vi-den-ce di-vi-ne, l'a-mour du tra-vail, l'é-co-no-mie, u-ne res-pec-tu-eu-se re-con-nais-san-ce en-vers les per-son-nes ri-ches dont Di-eu se sert pour les sou-la-ger, tel-les doi-vent ê-tre les prin-ci-pa-les ver-tus des pau-vres. Si donc le Sei-gneur veut que vous so-y-ez de ce nom-bre, fai-tes-vous un de-voir de pra-ti-quer ces ver-tus, et fai-tes-le par a-mour pour Jé-sus, vous sou-ve-nant qu'il a bi-en vou-lu se fai-re lu-i-mê-me pau-vre par a-mour pour vous. Bi-en-heu-reux sont les pau-vres qui sa-vent rem-plir les de-voirs de la pau-vre-té, ils n'ont au-cu-ne part aux bi-ens de ce mon-de, mais ils pos-sè-de-ront dans le Ci-el des tré-sors in-fi-nis ; ils sont sou-mis i-ci-bas à un tra-vail plus pé-ni-ble, mais ils en re-ce-vront un jour u-ne ré-com-pen-se plus a-bon-dan-te. Si les hom-mes les mé-pri-sent, Di-eu les ai-me da-van-ta-ge ; s'ils souf-frent main-te-nant, ils se-ront con-so-lés plus tard et du-rant les si-è-cles des si-è-cles.

Dix-septième Tableau.

LECTURE PAR MOTS DÉTACHÉS.

Un en-fant de cinq à six ans é-tait tom-bé ma-la-de; on vou-lut lu-i fai-re pren-dre u-ne mé-de-ci-ne, mais ni les pro-mes-ses ni les me-na-ces ne pu-rent ob-te-nir qu'il sur-mon-tât sa ré-pu-gnan-ce. Sa mè-re, qui con-nais-sait son a-mour ex-tra-or-di-nai-re pour les pau-vres, s'a-vi-sa d'un mo-y-en nou-veau. Je vi-ens de voir, lu-i dit-el-le, un pau-vre nu et tout tran-si de froid; si tu prends la mé-de-ci-ne, je le fe-rai ha-bi-ller à neuf. Ah! ré-pon-dit-il, je vais la pren-dre. Mais quand il en eut a-va-lé la moi-ti-é, il s'é-cri-a : ô ma-man, que ce-la est mau-vais ! je ne pui-s al-ler jus-qu'au bout. Tu veux donc, re-prit la mè-re, que je n'ha-bi-lle le pau-vre qu'à de-mi ? A ces mots, l'en-fan re-de-man-de la tas-se et a-va-le jus-qu'à la der-ni-è-re gout-te.

Pu-is-se cet e-xem-ple ap-pren-dre aux en-fants ri-ches, à ai-mer les pau-vres, et à leur fai-re tout le bi-en dont ils sont ca-pa-bles ! Jé-sus-Christ les ré-com-pen-se-ra de leur cha-ri-té ; car il a pro-mis, de re-gar-der com-me fait à lu-i-mê-me ce qu'on fe-ra pour le plus pe-tit de ses en-fants.

Dix-huitième Tableau.

LECTURE AVEC LIAISON DES MOTS.

U-ne dou-ce ré-si-gna-ti-on, u-ne con-fi-an-ce sain-te en la pro-vi-den-ce di-vi-ne, l'a-mour du tra-vail, l'é-co-no-mie, u-ne res-pec-tu-eu-se re-con-nais-san-ce en-vers les per-son-nes ri-ches dont Di-eu se sert pour les sou-la-ger, tel-les doi-vent ê-tre les prin-ci-pa-les ver-tus des pau-vres. Si donc le Sei-gneur veut que vous so-y-ez de ce nom-bre, fai-tes-vous un de-voir de pra-ti-quer ces ver-tus, et fai-tes-le par a-mour pour Jé-sus, vous sou-ve-nant qu'il a bi-en vou-lu se fai-re lui-mê-me pau-vre par a-mour pour vous. Bi-en-heureux sont les pau-vres qui sa-vent rem-plir les de-voirs de la pau-vre-té, ils n'ont au-cu-ne part aux bi-ens de ce mon-de, mais ils pos-sè-de-ront dans le Ci-el des tré-sors in-fi-nis ; ils sont sou-mis i-ci-bas à un tra-vail plus pé-ni-ble, mais ils en re-ce-vront un jour u-ne ré-com-pen-se plus a-bon-dan-te. Si les hom-mes les mé-pri-sent, Di-eu les ai-me da-van-ta-ge ; s'ils souf-frent main-te-nant, ils se-ront con-so-lés plus tard et du-rant les si-è-cles des si-è-cles.

Dix-neuvième Tableau.

LECTURE AVEC LIAISON DES MOTS.

Un en-fant de cinq à six ans é-tait tom-bé ma-la-de ; on vou-lut lu-i fai-re pren-dre u-ne mé-de-ci-ne, mais ni les pro-mes-ses ni les me-na-ces ne pu-rent ob-te-nir qu'il sur-mon-tât sa ré-pu-gnan-ce. Sa mè-re qui con-nais-sait son a-mour ex-tra-or-di-nai-re pour les pau-vres, s'a-vi-sa d'un mo-y-en nou-veau. Je vi-ens de voir, lu-i dit-el-le, un pau-vre nu et tout tran-si de froid ; si tu prends la mé-de-ci-ne, je le fe-rai ha-bi-ller à neuf. Ah ! ré-pon-dit-il, je vais la pren-dre. Mais quand il en eut a-va-lé la moi-ti-é, il s'é-cri-a : ô ma-man, que ce-la est mau-vais! je ne pu-is al-ler jus-qu'au bout. Tu veux donc, re-prit la mè-re, que je n'ha-bi-lle le pau-vre qu'à de-mi? A ces mots, l'en-fant re-de-man-de la tas-se et a-va-le jus-qu'à la der-ni-è-re gout-te.

Pu-is-se cet e-xem-ple ap-pren-dre aux en-fants ri-ches à ai-mer les pau-vres, et à leur fai-re tout le bi-en dont ils sont ca-pa-bles! Jé-sus-Christ les ré-com-pen-se-ra de leur cha-ri-té; car il a pro-mis de re-gar-der com-me fait à lu-i-mê-me ce qu'on fe-ra pour le plus pe-tit de ses en-fants.

Vingtième Tableau.

ACCENTS ET PONCTUATIONS.

'h Si-gne d'as-pi-ra-ti-on.

´ Ac-cent ai-gu.

` Ac-cent gra-ve.

^ Ac-cent cir-con-fle-xe.

. Point.

, Vir-gu-le.

: Deux-points.

; Point-vir-gu-le.

? Point in-ter-ro-ga-tif.

! Point ex-cla-ma-tif.

' A-po-stro-phe.

.. Tré-ma.

– Trait d'u-ni-on.

« » Guil-le-mets.

( ) Pa-ren-thè-ses.

ABRÉVIATIONS.

J.-C. Jé-sus-Christ.
N.-S. No-tre-Sei-gneur.
St Saint.
B. Bien-heu-reux.
V. Vé-né-ra-ble.
S. S. Sa Sain-te-té.
N. S. P. No-tre Saint-Pè-re.
S. M. Sa Ma-jes-té.
S. A. R. Son Al-tes-se ro-y-a-le.
S. Ex. Son Ex-cel-len-ce.
S. Ém. Son É-mi-nen-ce.
Mgr Mon-sei-gneur.
R. P. Ré-vé-rend Pè-re.
N. T. C. F. Nos très-chers frè-res.
Mr Mon-si-eur.
MM. Mes-si-eurs.

Mme Ma-da-me.

Melle Ma-de-moi-sel-le.

Me Maî-tre.

M^d Mar-chand.

N^égt Né-go-ci-ant.

Le S^r Le Si-eur.

Ve Veu-ve.

Ex. E-xem-ple.

7bre Sep-tem-bre.

8bre Oc-to-bre.

9bre No-vem-bre.

X^bre Dé-cem-bre.

1er Pre-mi-er.

2e Deu-xi-è-me.

d^r Der-ni-er.

N° Nu-mé-ro.

C.-à-d. C'est-à-di-re.

ÒRDRE ET NOMS DES LETTRES DE L'ALPHABET

à	*bé*	*sé*	*de*	*é*
A	**B**	**C**	**D**	**E**
èfe	*jé*	*ache*	*i*	*ji*
F	**G**	**H**	**I**	**J**
.ca	*èle*	*ème*	*ène*	*ó*
K	**L**	**M**	**N**	**O**
pé	*cu*	*ère*	*ese*	*té*
P	**Q**	**R**	**S**	**T**
u	*vé*	*icse*	*igrec*	*zède*
U	**V**	**X**	**Y**	**Z**

LECTURE
PAR SYLLABES ET PAR MOTS DÉTACHÉS.

A - NEC - DO - TES
SUR MA-RIE LECK-ZINS-KA,
REI-NE DE FRAN-CE.

Un jour de fê-te que la jeu-ne Ma-rie Leck-zins-ka se pro-me-nait dans le jar-din du châ-teau, où le roi Sta-nis-las, son pè-re, o-bli-gé d'a-ban-don-ner son ro-y-au-me de Po-lo-gne, a-vait fi-xé son sé-jour, el-le en-tend u-ne voix plain-ti-ve qui l'ap-pel-le à tra-vers u-ne pa-lis-sa-de. El-le s'ap-pro-che, et voit le vi-sa-ge pâ-le et dé-char-né d'u-ne fem-me cou-ver-te de ha-illons, qui la sup-plie, au nom de Di-eu, de sou-la-ger sa mi-sè-re. Tou-chée de son é-tat, Ma-rie lu-i don-ne u-ne pi-è-ce d'or : c'é-tait tout ce qu'el-le a-vait. La pau-vre fem-me, en la re-ce-vant, lè-ve les mains au Ci-el, et s'é-crie dans la joie qui la trans-por-te : « Ah ! ma bon-ne prin-ces-se, » Di-eu vous bé-ni-ra ; vous se-rez » rei-ne de Fran-ce. » Ce pro-pos, dic-té par l'en-thou-si-as-me de la re-con-nais-san-ce, cho-quait alors bi-en é-tran-ge-ment tou-tes les vrai-sem-blan-ces ; et il ne fal-lait ri-en moins que l'i-gno-ran-te sim-pli-ci-té de cel-le qui l'a-van-çait, pour le ren-dre ex-cu-sa-ble dans sa bou-che. Lou-is quin-ze, à la vé-ri-té, n'é-tait pas en-co-re ma-ri-é; mais son ma-ri-a-ge é-tait con-clu, et u-ne in-fan-te d'Es-pa-gne, qu'il de-vait é-pou-ser, é-tait dé-jà dans le ro-y-au-me ; or quel-le ap-pa-ren-ce que le con-seil du jeu-ne mo-nar-que pût l'en-ga-ger à ren-vo-y-er cet-te prin-ces-se à Ma-drid, pour lu-i pré-fé-rer la fi-lle d'un roi dé-trô-né ? Ce-pen-dant ce-la ar-ri-va, et la pré-dic-ti-on, en ap-pa-ren-ce si ri-di-cu-le, de la pau-vre fem-me, se vé-ri-fi-a six mois a-près qu'el-le eut é-té fai-te : la jeu-ne prin-ces-se de Po-lo-gne de-vint rei-ne de Fran-ce.

Quel-ques jours a-près que son ma-ri-a-ge a-vec le roi de Fran-ce eut

é-té con-clu, la com-tes-se de Leck-
zins-ka, son a-ï-eu-le et sa con-fi-
den-te, se trou-vant seu-le a-vec el-le,
lu-i de-man-da ce qu'el-le pen-sait de ce
grand é-vé-ne-ment : « Hé-las ! ma-
« man, lu-i ré-pon-dit la prin-ces-se,
« je n'ai en-co-re eu là-des-sus qu'u-
« ne pen-sée, mais qui, de-pu-is hu-it
« jours, ab-sor-be tou-tes les au-tres ;
« c'est que je se-rais bi-en mal-heu-
« reu-se, si la cou-ron-ne que m'of-
« fre le roi de Fran-ce me fai-sait
« per-dre cel-le que me des-ti-ne le
« Roi du Ci-el. » Ré-fle-xi-on su-
bli-me d'u-ne â-me que sa foi é-lè-ve
au-des-sus des trô-nes, ré-fle-xi-on
que de-vraient fai-re tou-tes les jeu-nes
per-son-nes, en pen-sant aux dan-gers

aux-quels el-les s'ex-po-sent en s'é-ta-blis-sant dans le mon-de.

Lors-que tout fut prêt pour le dé-part de la jeu-ne prin-ces-se, el-le en-tra dans le ca-bi-net du roi, où se trou-vaient la rei-ne sa mè-re et la com-tes-se, son a-ï-eu-le ; el-le se je-ta à leurs ge-noux, fon-dant en lar-mes, et leur de-man-da leur bé-né-dic-ti-on. Sta-nis-las lui don-na la si-en-ne a-vec cet é-di-fi-ant ap-pa-reil qui sem-ble nous re-por-ter aux si-è-cles re-li-gi-eux des pa-tri-ar-ches. Te-nant les mains é-le-vées au-des-sus de la tê-te de la prin-ces-se, qui é-tait res-tée à ge-noux, il ré-ci-ta la pri-è-re su-i-van-te : « Que Jé-sus et « Jo-seph, vei-llent tou-jours à la

« con-du-i-te de ma chè-re fi-lle, au
« nom de Di-eu le Pè-re, le Fils
« et le Saint-Esprit ! Qu'e-lle ait
« part à la bé-né-dic-ti-on que le
« saint pa-tri-ar-che Ja-cob don-na à
« son fils Jo-seph, lors-qu'il ap-prit
« qu'il é-tait en-co-re en vie, et qu'il
« ré-gnait en E-gyp-te ! Qu'el-le ait
« part à la bé-né-dic-ti-on que le
« saint hom-me To-bie don-na à
« son fils lors-qu'il l'en-vo-y-a dans
« un pa-ys é-tran-ger ! Qu'el-le ait
« part à la bé-né-dic-ti-on que
« Jé-sus-Christ don-na à sa sain-
« te Mè-re et à ses dis-ci-ples,
« lors-qu'il leur dit : Que la paix
« soit a-vec vous ! Ain-si-soit-il ! »
C'est ain-si que, dans tou-te la

sim-pli-ci-té de la foi, ce prin-ce, l'un des gé-nies de son si-è-cle, ap-pre-nait aux pè-res de fa-mi-lle que les riches al-li-an-ces qu'ils peu-vent pro-cu-rer à leurs en-fants, ne sau-raient leur te-nir li-eu de la crain-te du Sei-gneur, et de la bé-né-dic-ti-on du Ci-el.

Un jour que la rei-ne tra-ver-sait les ap-par-te-ments de Ver-sa-illes a-vec son cor-té-ge or-di-nai-re, u-ne pa-y-san-ne en-di-man-chée l'a-bor-de sans fa-çon, et lu-i dit : « Ça, ma
« bon-ne rei-ne, je vi-ens de bi-en
« loin, en-ten-dez-vous, tout ex-près
« pour vous voir. Je vous prie, que
« j'aie cet-te con-so-la-ti-on un peu
« à mon ai-se. — Bi-en vo-lon-ti-ers,

« ma bon-ne, » lu-i dit la rei-ne en s'ar-rê-tant. Et tout de su-i-te el-le s'in-for-me de son pa-ys, lu-i de-man-de des nou-vel-les de son pe-tit mé-na-ge, où el-le ap-prend a-vec plai-sir qu'il n'y a point de mi-sè-re. El-le ré-pond à son tour à quel-ques ques-ti-ons que lu-i fait la pa-y-san-ne, et lu-i dit a-vec bon-té : « Eh bi-en ! m'a-« vez-vous vue à vo-tre ai-se ? Pu-« is-je m'en al-ler et vous lais-ser « con-ten-te ? » La vil-la-geoi-se se re-ti-ra, ver-sant des lar-mes de joie, et bé-nis-sant le Ci-el d'a-voir don-né u-ne si bon-ne rei-ne à la Fran-ce.

Un jour qu'el-le se trou-vait à Sè-vres, chez la prin-ces-se d'Ar-ma-gnac, el-le s'a-per-çoit qu'on por-te

le saint Vi-a-ti-que à un ma-la-de ;
el-le sort à l'ins-tant, su-i-vie de sa
cour, se fait jour à tra-vers u-ne mul-
ti-tu-de de vil-la-geois at-trou-pés
pour la voir, ac-com-pa-gne le Saint-
Sa-cre-ment jus-que dans la ca-ba-ne
d'un pa-y-san, et as-sis-te à la cé-ré-
mo-nie de l'ad-mi-nis-tra-ti-on ; el-le
s'ap-pro-che en-su-i-te du lit du ma-la-
de, qu'el-le ex-hor-te à la ré-si-gna-
ti-on, et, ju-geant par tout ce qui l'en-
vi-ron-ne qu'el-le par-le à un pau-vre,
el-le lais-se, en sor-tant, u-ne au-
mô-ne con-si-dé-ra-ble à sa fem-me.

Un di-man-che que la rei-ne é-tait
à Fon-tai-ne-bleau, el-le ap-prend
que des ou-vri-ers tra-va-illaient pu-
bli-que-ment à con-stru-i-re u-ne

sal-le de spec-ta-cle, et tra-va-illaient deux heu-res a-près en a-voir re-çu la dé-fen-se ex-pres-se du roi, si-gni-fi-ée par un gen-ti-lhom-me de la Cham-bre. La prin-ces-se, sur-le-champ fait ap-pe-ler l'en-tre-pre-neur des tra-vaux, et lu-i de-man-de com-ment il o-se dé-so-bé-ir ain-si à Di-eu et au roi. Ce-lu-i-ci al-lè-gue com-me ex-cu-se que, de-pu-is la dé-fen-se du roi, ses ou-vri-ers ont tra-va-illé plus se-crè-te-ment, et que d'a-illeurs, com-me il s'a-git d'un tra-vail pu-blic, il a tel-le-ment comp-té qu'il em-ploie-rait les di-man-ches, que s'il ne le fait pas, à dé-faut de li-vrer son ou-vra-ge au jour fi-xé, il per-dra tel-le som-me con-ve-nue. « Te-nez, lu-i

« dit la rei-ne, la voi-là cet-te som-
« me. Al-lez donc fer-mer vo-tre
« a-te-li-er, et gar-dez-vous bi-en à
« l'a-ve-nir de con-trac-ter des en-
« ga-ge-ments que vous ne pu-is-
« si-ez rem-plir, qu'en en-frei-gnant
« ain-si la loi de Di-eu et les or-
« dres du roi. »

Dans son jeu-ne â-ge, el-le au-rait
as-sez ai-mé les bi-joux, et el-le a-
vait sur-tout un goût par-ti-cu-li-er
pour les por-ce-lai-nes é-tran-gè-res.
Les mar-chands du châ-teau, qui le
sa-vaient, ne man-quaient pas d'é-
ta-ler sur son pas-sa-ge ce qu'ils a-
vaient de plus cu-ri-eux dans le genre qu'el-le ai-mait. El-le s'ar-rê-tait
quel-que-fois un in-stant de-vant

leurs bou-ti-ques; mais con-nais-sant son fai-ble, el-le s'é-tait fait u-ne loi de ren-vo-y-er tou-jours au len-de-main l'a-chat d'u-ne cho-se qui lu-i a-vait plu, et le len-de-main, l'a-mour des pau-vres l'a-vait em-por-té sur ce-lui des bi-joux.

Un jour qu'on lu-i en pro-po-sait un aus-si com-mo-de qu'é-lé-gant, mais d'as-sez grand prix : « Il me « plai-rait as-sez, dit-el-le au mar-« chand ; mais, pour bi-en en ju-ger, « il me fau-drait mes y-eux de de-« main. » Le len-de-main, el-le n'y eût plus pen-sé. On lu-i an-non-ce que le bi-jou-ti-er de-man-de à par-ler à Sa Ma-jes-té. « Oh ! à coup sûr, « ré-pond la rei-ne, ce n'est point

« à ma Ma-jes-té qu'il en veut, c'est
« à ma fan-tai-sie; vous lu-i di-rez
« qu'el-le est par-tie. » Dans u-ne
au-tre oc-ca-si-on, on vit cet-te cha-
ri-ta-ble prin-ces-se cal-cu-ler jus-
qu'au prix d'u-ne ro-be qui lu-i plaisait, et re-fu-ser de l'a-che-ter, en
di-sant : « C'est trop cher ; j'ai as-
« sez de ro-bes, et nos pau-vres
« man-quent de che-mi-ses. » Que
de res-sour-ces n'au-raient pas les
mal-heu-reux, si tou-tes les fem-mes
qui vi-vent dans l'o-pu-len-ce pen-
saient et a-gis-saient com-me cet-te
ver-tu-eu-se rei-ne !

El-le a-vait, dans son ap-par-te-
ment, un dé-pôt où se trou-vaient
ras-sem-blées tou-tes les nip-pes né-

ces-sai-res aux pau-vres, de-pu-is les lan-ges du ber-ceau jus-qu'aux lin-ceuls du sé-pul-cre. Ces vê-te-ments a-vaient é-té tra-va-illés sous ses y-eux ou par ses or-dres, et plu-si-eurs é-taient l'ou-vra-ge de ses mains. El-le en dis-tri-buait u-ne par-tie par el-le-mê-me, et fai-sait pas-ser la plus con-si-dé-ra-ble par les mains des sœurs de la cha-ri-té, et de quel-ques au-tres per-son-nes qu'el-le a-vait char-gées d'al-ler à la dé-cou-ver-te des be-soins se-crets des fa-mi-lles. En-fin, com-me si au-cun gen-re d'au-mô-ne n'eût dû é-chap-per à son ac-ti-ve cha-ri-té, el-le a-vait chez el-le u-ne a-po-thi-cai-re-rie, où u-ne fi-lle de Saint-Vincent, qu'el-le ho-no-rait de sa con-fi-an-ce, al-lait pren-dre tou-tes sor-tes de re-mè-des pour les pau-vres ma-la-des de Ver-sa-illes et des en-vi-rons. On con-nais-sait si bi-en l'es-prit de cha-ri-té qui a-ni-mait la rei-ne, que dans la cir-con-stan-ce de quel-que ac-ci-dent au châ-teau, s'il ar-ri-vait par e-xem-ple, qu'un ou-vri-er se bles-sât, qu'un par-ti-cu-li-er fit u-ne chu-te, on ne fai-sait pas dif-fi-cul-té de le con-du-i-re dans les ap-par-te-ments, où l'on sa-vait qu'il trou-ve-rait les se-cours du mo-ment. On vit plus d'u-ne fois la bon-ne prin-ces-se s'em-pres-ser de les ad-mi-nis-trer el-le-même, en at-ten-dant l'ar-ri-vée d'un hom-me de l'art, qu'el-le fai-sait ap-pe-ler aus-si-tôt.

« Sa cha-ri-té é-tait im-men-se,
« dit u-ne des per-son-nes le plus à
« por-tée d'en ju-ger. El-le don-nait
« tout ce qu'el-le a-vait, et, quand
« il ne lu-i res-tait plus ri-en, el-le
« ven-dait ses bi-joux. » Dans un
temps de mi-sè-re plus ur-gen-te,
el-le en-vo-y-a chez l'or-fè-vre, non
plus seu-le-ment ses bi-joux, mais
gé-né-ra-le-ment tous les ef-fets d'or
et d'ar-gent qu'el-le a-vait pour son
u-sa-ge, a-près a-voir pris la pré-
cau-ti-on de leur en sub-sti-tu-er de
par-fai-te-ment res-sem-blants en mé-
tal de mê-me cou-leur. Quel-que ad-
mi-ra-ble que soit ce trait par le motif qui l'ins-pi-rait, on sent as-sez que

le pré-ju-gé, plus fort que la rai-son en eût fait un cri-me à u-ne jeu-ne rei-ne, et qu'il ne lu-i eût pas par-don-né de pa-raî-tre, à la tê-te de sa cour et dans les cé-ré-mo-nies les plus bri-llan-tes, a-vec des pen-dants d'o-rei-lle de si-mi-lor, et des bou-cles de tom-bac ; mais el-le prit si bi-en ses me-su-res, que, pen-dant u-ne an-née en-ti-è-re que du-ra la sup-po-si-ti-on, per-son-ne ne la dé-cou-vrit ni ne la sup-po-sa mê-me. Le mé-tal jau-ne fut de l'or pour tous les y-eux, et le blanc é-tait de l'ar-gent. Ce ne fut que long-temps a-près qu'u-ne fem-me de cham-bre, con-fi-den-te du se-cret de la prin-ces-se, ré-vé-la la cha-ri-ta-ble im-pos-tu-re.

Com-me la prin-ces-se se pro-me-nait un jour dans le parc de Ver-sailles, el-le ren-con-tra u-ne pau-vre fem-me fort mal vê-tue qui le tra-ver-sait te-nant un pot à la main, por-tant un pe-tit en-fant sur ses bras, et su-i-vie de plu-si-eurs au-tres. El-le l'ap-pel-le. « Où al-lez-vous, ma
« bon-ne fem-me ? — Ma-da-me,
« je vais por-ter la sou-pe à mon
« hom-me. — Et que fait vo-tre
« hom-me ? — Il sert les ma-çons.
« — Com-bi-en ga-gne-t-il par jour?
« — Dou-ze sous à pré-sent, quel-
« que-fois dix. — A-vez-vous quel-
« que champ? — Non, Ma-da-me.
« —Com-bi-en a-vez-vous d'en-fants?
« — Six. — Et vous, que ga-gnez-

« vous ? — Ri-en, Ma-da-me ; j'ai
« bi-en as-sez d'ou-vra-ge dans mon
« mé-na-ge. — Quel est donc vo-tre
« se-cret pour te-nir vo-tre mé-na-ge
« et nour-rir hu-it per-son-nes a-vec
« dou-ze sous par jour, et quel-que-
« fois dix ? — Ah! Ma-da-me (mon-
« tran*t* u-ne clef pen-due à sa cein-
« tu-re), le voi-là mon se-cret. J'en-
« fer-me no-tre pain, et je tâ-che
« d'e*n* a-voir tou-jours pour mo*n*
« hom-me. Si je vou-lais croi-re ces
« en-fants-là, ils man-ge-raient dans
« un jour ce qui doit les nour-rir
« u-ne se-mai-ne. » La prin-ces-se,
tou-chée jus-qu'aux lar-mes à ce ré-
cit, mit dix lou-is dans la main de
cet-te pau-vre mè-re, en lu-i di-sant :

« Don-nez donc un peu plus de pain
« à vos en-fants. »

Cet-te pi-eu-se rei-ne ac-cou-tu-mait ses en-fants, dès l'â-ge le plus ten-dre, à en-vi-sa-ger com-me le pre-mi-er a-van-ta-ge de leur rang, de pou-voir pro-té-ger un jour la ver-tu et fai-re du bi-en aux hom-mes.
« Mon fils, dit-el-le un jour au dau-
« phin, a-lors â-gé de dix ans, tan-dis
« que vous a-vez i-ci tout en a-bon-
« dan-ce, tan-dis que la Pro-vi-den-ce
« vous com-ble de ses bi-en-faits,
« tan-dis que plu-si-eurs per-son-nes
« s'em-pres-sent en mê-me temps à
« vous don-ner u-ne bon-ne é-du-ca-
« ti-on, sa-vez-vous ce que je vi-ens
« d'ap-pren-dre ? C'est qu'il y a dans

« Pa-ris des mil-li-ers de pe-tits
« mal-heu-reux en-fants de vo-tre
« â-ge, er-rant, sans do-mi-ci-le, cou-
« verts de ha-illons, man-quant sou-
« vent de pain et d'in-struc-ti-on. Le
« ré-cit qu'on m'a fait de leur si-tu-a-
« ti-on m'af-fli-ge sen-si-ble-ment sur
« leur sort, aus-si ai-je ré-so-lu de
« re-met-tre à mon-si-eur l'ab-bé de
« Pont-Bri-ant, que voi-ci, tout l'ar-
« gent dont je pu-is dis-po-ser, pour
« leur pro-cu-rer au moins les mo-
« y-ens de s'in-stru-i-re de leur ca-
« té-chis-me et de fai-re a-vec fru-it
« leur pre-mi-è-re com-mu-ni-on. —
« Ah! ma-man, s'é-crie le jeu-ne prin-
« ce, les lar-mes aux y-eux, s'ils sont
« mal-heu-reux, je veux leur don-ner

« aus-si tout ce qu'il y a dans ma cas-
« set-te. » L'of-fre fut ac-cep-tée, et
l'ec-clé-si-as-ti-que, qui sol-li-ci-tait
pour la bon-ne œu-vre, joi-gnit l'au-
mô-ne du fils à cel-le de la mè-re. Il
y au-rait bi-en moins de mal-heu-reux
et bi-en plus d'hom-mes cha-ri-ta-bles,
si tous les en-fants re-ce-vaient de leurs
pa-rents les le-çons et les e-xem-ples
que la rei-ne don-nait au dau-phin.

La rei-ne pas-sait moins de temps
à sa toi-let-te qu'au-cu-ne da-me de sa
cour. On lu-i a-vait fait en-ten-dre à
son ar-ri-vée en Fran-ce qu'el-le ferait plai-sir au roi en met-tant du
rou-ge. El-le y a-vait beau-coup de
ré-pu-gnan-ce; mais, com-plai-re à
son é-poux lu-i sem-blait un de-voir,

et el-le en mit. Com-me el-le n'en a-vait pas l'u-sa-ge, el-le le met-tait fort mal, ce qui don-na li-eu à Lou-is quin-ze de la plai-san-ter un jour, en la com-pa-rant à Ja-nus aux deux fa-ces. El-le sai-sit cet-te oc-ca-si-on pour re-pré-sen-ter au roi com-bi-en il lu-i en coû-tait pour se dé-fi-gu-rer ain-si tous les jours; et ce prin-ce l'as-su-ra de son cô-té qu'il é-tait sur-pris qu'el-le eût pu pren-dre tant de pei-ne pour se don-ner ces vi-sa-ges ar-ti-fi-ci-els qui ne va-laient pas le na-tu-rel. Dès lors la rei-ne s'af-fran-chit pour ja-mais de cet-te ty-ran-nie, « in-tro-« du-i-te, di-sait-el-le, par les vi-e-illes « et les lai-des, qui veu-lent que « leurs fi-lles pa-rais-sent aus-si vi-

« e-illes et aus-si lai-des qu'el-les. »

La rei-ne al-lait sou-vent dans ces mai-sons de cha-ri-té où sont ras-sem-blées tou-tes les in-fir-mi-tés hu-mai-nes, et où la mort, sous mil-le for-mes hi-deu-ses, par-le à tous les sens le lan-ga-ge de la tris-tes-se. « C'est « i-ci, dit-el-le à un sei-gneur de sa « cour, qu'il est bon de ve-nir pour « ap-pren-dre à nous con-naî-tre. » Un jour qu'el-le vi-si-tait u-ne sal-le de l'hô-tel-Di-eu de Com-pi-è-gne, el-le s'ar-rê-ta à la vue d'un ta-bleau qui re-pré-sen-tait Saint-Lou-is pan-sant l'ul-cè-re d'un pau-vre qui, dans l'in-stant, se trou-ve mi-ra-cu-leu-se-ment gué-ri. La su-pé-ri-eu-re qui l'ac-com-pa-gnait, lu-i ra-con-ta plu-si-eurs traits de la cha-ri-té de ce saint roi, fon-da-teur de la mai-son, dans la-quel-le il ai-da lu-i-mê-me à trans-por-ter les pre-mi-ers ma-la-des qui y fu-rent re-cue-illis. La prin-ces-se, at-ten-drie, au ré-cit qu'on lu-i fai-sait, s'é-cri-a : « Voi-là ce que l'a-mour « de Di-eu fai-sait fai-re aux Saints « pour l'a-mour des hom-mes ! Mais « nous, que fai-sons-nous pour les « mem-bres souf-frants de Jé-sus-« Christ ? » Il est bi-en peu de per-son-nes qui, en se fai-sant la mê-me de-man-de, n'aient su-jet de s'hu-mi-li-er en-co-re plus que cet-te cha-ri-ta-ble prin-ces-se.

Lors-qu'el-le fai-sait ses vi-si-tes des hô-pi-taux, on es-sa-y-ait quelquefois de lui dérober le spectacle des agonisants ; mais l'œil de sa charité pénétrant ce qu'on eût voulu lui cacher, elle ne manquait pas d'ouvrir les lits qu'elle voyait fermés, et elle adressait aux pauvres moribonds, qu'elle y trouvait, une courte exhortation analogue à leur état. Un jour qu'elle visitait l'hôpital général de Compiègne la supérieure l'ayant priée instamment de ne pas s'approcher d'une malade qui exhalait une odeur fétide et dangereuse, elle passa devant son lit sans s'arrêter ; mais à peine fut-elle sortie de la maison que sa religion et son bon cœur lui reprochè-rent cet-te o-mis-si-on qu'el-le ap-pe-la u-ne in-si-gne lâ-che-té, et el-le eût é-té la ré-pa-rer sur le champ, si la du-ches-se de Vil-lars ne l'en eût em-pê-chée en se char-geant de l'al-ler fai-re à sa pla-ce. Cet-te da-me vint mar-quer à la su-pé-ri-eu-re tout le re-gret qu'a-vait la rei-ne de s'ê-tre ren-due à son a-vis, et lu-i re-com-man-da, de la part de la prin-ces-se, de pren-dre un soin par-ti-cu-li-er de la pau-vre fem-me, qu'el-le ne se par-don-nait pas de n'a-voir pas vue.

A-près ce qu'on vi-ent de li-re, on ne se-ra pas sur-pris des té-moi-gna-ges d'af-fec-ti-on qu'on lu-i pro-di-guait, et qui res-sem-blaient à u-ne es-pè-ce d'i-do-lâ-trie. El-le n'ar-ri-va ja-mais à Com-pi-è-gne qu'au mi-li-eu des ac-cla-ma-ti-ons d'un peu-ple in-nom-bra-ble, qui, dans l'i-vres-se de sa joie, se li-vrait à d'ai-ma-bles fo-li-es. On l'o-bli-geait de s'ar-rê-ter a-vant qu'el-le en-trât dans le châ-teau ; on lu-i bar-rait le che-min, on é-car-tait ses gar-des, on ca-res-sait les che-vaux qui a-vaient a-me-né la bon-ne prin-ces-se. La rei-ne com-me u-ne mè-re qui re-voit ses en-fants a-près u-ne ab-sen-ce qui leur a pa-ru lon-gue, se prê-tait à ces jeux fo-lâ-tres de la ten-dres-se. El-le se mon-trait au peu-ple qu'el-le sa-lu-ait a-vec le sou-ri-re de l'af-fec-ti-on. Les cris de joie re-doublaient et les chapeaux volaient en l'air. Le jour de son départ offrait une scène d'un genre tout différent, mais également attendrissante. Longtemps avant qu'elle montât en voiture, les cours du château retentissaient des cris de *Vive la reine!* Dès qu'elle paraissait, les acclamations redoublaient. Un peuple immense se mettait en devoir de lui faire cortége, l'obligeait de ralentir sa marche, et la suivait aussi loin qu'il pouvait. Chacun se donnait la liberté de lui souhaiter un bon voyage, de la prier de revenir l'année suivante, et elle répondait à ces vœux publics de la voix et du ges-te. Ces tou-chants a-di-eux se ter-mi-naient tou-jours par des lar-mes. La rei-ne les vo-y-ait cou-ler de tous les y-eux, et le peu-ple aus-si lu-i vo-y-ait es-su-y-er les si-en-nes. « N'est-il pas bi-en ad-mi-ra-ble, « é-cri-vait-el-le, à cet-te oc-ca-si-on, « que je ne pu-is-se quit-ter Com-« pi-è-gne sans voir pleu-rer. Je me « de-man-de quel-que-fois ce que j'ai « fait à tous ces gens, que je ne « con-nais pas, pour en ê-tre tant ai-« mée. Ils me ti-en-nent com-pte de « mes dé-sirs. » C'est ain-si qu'el-le comp-tait pour ri-en el-le-mê-me, et les pro-duc-ti-ons de sa cha-ri-té, et les pri-va-ti-ons, et les sa-cri-fi-ces aux-quels el-le se con-dam-nait pour le sou-la-ge-ment de tou-tes les classes des mal-heu-reux.

Non con-ten-te de l'e-xer-ci-ce ha-bi-tu-el de la vi-gi-lan-ce chré-ti-en-ne, la rei-ne sa-vait se mé-na-ger, tous les ans, un temps con-ve-na-ble pour e-xa-mi-ner sé-ri-eu-se-ment l'é-tat de son â-me, et se re-nou-ve-ler dans la pi-é-té, loin du com-mer-ce des hommes. C'é-tait or-di-nai-re-ment pendant le vo-y-a-ge de la cour à Com-pi-è-gne, qu'el-le fai-sait cet-te es-pè-ce de re-trai-te dans le cou-vent des Car-mé-li-tes de cet-te vil-le. Le dauphin a-vait le pri-vi-lé-ge ex-clu-sif d'y fai-re vi-si-te à la rei-ne. Il se ren-dait à son ap-par-te-ment a-près l'heu-re des of-fi-ces, et sou-vent on

lu-i di-sait que la prin-ces-se é-tait en-co-re au chœur. C'est de quoi il lu-i fit un jour un re-pro-che à sa ma-ni-è-re. « Sa-vez-vous bi-en, ma-
« man, lu-i dit-il, que vous fi-ni-rez
« par vous brou-iller a-vec sain-te
« Thé-rè-se ? Pour-quoi vou-loir ê-tre
« i-ci plus fer-ven-te que les plus
« fer-ven-tes Car-mé-li-tes, et fai-re
« tou-tes vos pri-è-res plus lon-gues
« en-co-re que les leurs ? — C'est,
« mon fils, lu-i ré-pon-dit la rei-ne,
« que nos be-soins sont bi-en plus
« é-ten-dus que ceux de ces sain-tes
« fi-lles. El-les sont con-ti-nu-el-le-
« ment a-vec Di-eu, et moi tou-
« jours a-vec le mon-de. » En vo-y-ant les grands e-xem-ples de pi-é-

té que leur don-nait la rei-ne, les re-li-gi-eu-ses pen-saient com-me le dau-phin ; et, au sor-tir des pi-eux en-tre-ti-ens qu'el-le a-vait eus a-vec cet-te ad-mi-ra-ble prin-ces-se, l'u-ne d'el-les, qui a-vait tou-te sa con-fi-an-ce, ne put s'em-pê-cher de s'é-cri-er un jour, en pré-sence de tou-te la com-mu-nau-té :
« Nous pou-vons bi-en bai-ser les
« pi-eds de la sain-te qui nous vi-si-te.
« Ou-i, c'est u-ne sain-te, u-ne vraie
« fi-lle de sain-te Thé-rè-se, au-près
« de la-quel-le nous ne mé-ri-tons pas
« de por-ter le ti-tre de Car-mé-li-tes. »

Heu-reu-se l'en-fant qui, dès ses pre-mi-è-res an-nées, se rend do-ci-le aux le-çons que Di-eu mê-me lu-i don-ne, dans les e-xem-ples des Saints et dans les sa-ges con-seils de ses pa-rents et de ses maî-tres-ses ! El-le com-prend en-co-re bi-en peu le prix de la ver-tu, et ne s'y as-su-jet-tit qu'a-vec pei-ne ; mais un jour vi-en-dra qu'in-stru-i-te par l'ex-pé-ri-en-ce, el-le s'ap-plau-di-ra d'a-voir su, de bon-ne heu-re, cour-ber sa tê-te sous le joug du Sei-gneur. Le la-bou-reur qui voit son champ cou-vert d'u-ne ri-che mois-son ou-blie ce qui lu-i en a coû-té pour le cul-ti-ver. Ain-si, et mil-le fois mi-eux en-co-re, le chré-ti-en qui ter-mi-ne u-ne vie ver-tu-eu-se par u-ne sain-te mort, ne com-pte pour ri-en les sa-cri-fi-ces qui lu-i ont mé-ri-té les ri-ches-ses é-ter-nel-les dont il va jou-ir.

LECTURE COURANTE.

ANECDOTES SUR MARIE LECKZINSKA,

REINE DE FRANCE.

Un jour de fête que la jeune Marie Leckzinska se promenait dans le jardin du château où le roi Stanislas, son père, obligé d'abandonner son royaume de Pologne, avait fixé son séjour, elle entend une voix plaintive qui l'appelle à travers une palissade. Elle s'approche, et voit le visage pâle et décharné d'une femme couverte de haillons, qui la supplie au nom de Dieu, de soulager sa misère. Touchée de son état, Marie lui donne une pièce d'or ; c'était tout ce qu'elle avait. La pauvre femme, en la recevant, lève les mains au Ciel, et s'écrie dans la joie qui la transporte : « Ah ! ma bonne

» princesse, Dieu vous bénira ; vous serez reine de
» France. » Ce propos, dicté par l'enthousiasme de la
reconnaissance, choquait alors bien étrangement toutes
les vraisemblances ; et il ne fallait rien moins que
l'ignorante simplicité de celle qui l'avançait, pour le
rendre excusable dans sa bouche. Louis XV, à la vérité,
n'était pas encore marié ; mais son mariage était conclu,
et une infante d'Espagne, qu'il devait épouser, était
déjà dans le royaume ; or, quelle apparence que le
conseil du jeune monarque pût l'engager à renvoyer
cette princesse à Madrid, pour lui préférer la fille d'un
roi détrôné ? Cependant cela arriva, et la prédiction,
en apparence si ridicule, de la pauvre femme, se vérifia
six mois après qu'elle eût été faite : la jeune princesse
de Pologne devint reine de France.

Quelques jours après que son mariage avec le roi
de France eût été conclu, la comtesse de Leckzinska,
son aïeule et sa confidente, se trouvant seule avec elle,
lui demanda ce qu'elle pensait de ce grand événement :
« Hélas ! maman, lui répondit la princesse, je n'ai
» encore eu là-dessus qu'une pensée, mais qui,
» depuis huit jours, absorbe toutes les autres : c'est
» que je serais bien malheureuse, si la couronne que
» m'offre le roi de France me faisait perdre celle que
» me destine le Roi du Ciel. » Réflexion sublime d'une
âme que sa foi élève au-dessus des trônes, réflexion

que devraient faire toutes les jeunes personnes, en pensant aux dangers auxquels elles s'exposent en s'établissant dans le monde.

Lorsque tout fut prêt pour le départ de la jeune princesse, elle entra dans le cabinet du roi où se trouvaient la reine sa mère, et la comtesse son aïeule; elle se jeta à leurs genoux, fondant en larmes, et leur demanda leur bénédiction. Stanislas lui donna la sienne avec cet édifiant appareil qui semble nous reporter aux siècles religieux des patriarches. Tenant les mains élevées au-dessus de la tête de la princesse, qui était restée à genoux, il récita la prière suivante : « Que
» Jésus et Joseph veillent toujours à la conduite de
» ma chère fille, au nom de Dieu le Père, le Fils
» et le Saint-Esprit. Qu'elle ait part à la bénédiction que
» le saint patriarche Jacob donna à son fils Joseph,
» lorsqu'il apprit qu'il était encore en vie, et qu'il
» régnait en Egypte. Qu'elle ait part à la bénédiction
» que le saint homme Tobie donna à son fils lorsqu'il
» l'envoya dans un pays étranger. Qu'elle ait part à
» la bénédiction que Jésus-Christ donna à sa sainte
» Mère et à ses disciples, lorsqu'il leur dit : Que la
» paix soit avec vous. Ainsi soit-il. » C'est ainsi que, dans toute la simplicité de la foi, ce prince, l'un des génies de son siècle, apprenait aux pères de famille que les riches alliances qu'ils peuvent procurer à leurs

enfants, ne sauraient leur tenir lieu de la crainte du Seigneur, et de la bénédiction du Ciel.

Un jour que la reine traversait les appartements de Versailles avec son cortége ordinaire, une paysanne endimanchée l'aborde sans façon, et lui dit : « Ça, » ma bonne reine, je viens de bien loin, entendez-» vous, tout exprès pour vous voir. Je vous prie, que » j'aie cette consolation un peu à mon aise. — Bien » volontiers, ma bonne, » lui dit la reine en s'arrêtant. Et tout de suite elle s'informe de son pays, lui demande des nouvelles de son petit ménage, où elle apprend avec plaisir qu'il n'y avait pas de misère. Elle répond à son tour à quelques questions que lui fait la paysanne. et lui dit avec bonté : « Eh bien ! m'avez-vous vue » à votre aise ? puis-je m'en aller et vous laisser » contente ? » La villageoise se retira, versant des larmes de joie, et bénissant le Ciel d'avoir donné une si bonne reine à la France.

Un jour qu'elle se trouvait à Sèvres, chez la princesse d'Armagnac, elle s'aperçoit qu'on porte le saint Viatique à un malade ; elle sort à l'instant, suivie de sa cour, se fait jour à travers une multitude de villageois attroupés pour la voir, accompagne le Saint-Sacrement jusque dans la cabane d'un paysan, et assiste à la cérémonie de l'administration ; elle s'approche ensuite du lit du malade, qu'elle exhorte à la résignation, et jugeant, par tout ce qui l'environne, qu'elle parle à un pauvre, elle laisse, en sortant, une aumône considérable à sa femme.

Un dimanche que la reine était à Fontainebleau, elle apprend que des ouvriers travaillaient publiquement à construire une salle de spectacle, et travaillaient deux heures après en avoir reçu la défense expresse du roi, signifiée par un gentilhomme de la chambre. La princesse, sur-le-champ fait appeler l'entrepreneur des travaux, et lui demande comment il ose désobéir ainsi à Dieu et au roi. Celui-ci allègue comme excuse que, depuis la défense du roi, ses ouvriers ont travaillé plus secrètement, et que d'ailleurs, comme il s'agit d'un travail public, il a tellement compté qu'il emploierait les dimanches, que s'il ne le fait pas, à défaut de livrer son ouvrage au jour fixé, il perdra telle somme convenue. « Tenez, lui dit la reine, la voilà cette
» somme. Allez donc fermer votre atelier, et gardez-
» vous bien à l'avenir, de contracter des engagements
» que vous ne puissiez remplir, qu'en enfreignant ainsi
» la loi de Dieu et les ordres du roi. »

Dans son jeune âge, elle aurait assez aimé les bijoux, et elle avait surtout un goût particulier pour les porcelaines étrangères. Les marchands du château, qui le savaient, ne manquaient pas d'étaler sur son passage ce qu'ils avaient de plus curieux dans le genre

qu'elle aimait. Elle s'arrêtait quelquefois un instant devant leurs boutiques; mais, connaissant son faible, elle s'était fait une loi de renvoyer toujours au lendemain l'achat d'une chose qui lui avait plu, et le lendemain l'amour des pauvres l'avait emporté sur celui des bijoux. Un jour qu'on lui en proposait un aussi commode qu'élégant, mais d'assez grand prix :
« Il me plairait assez, dit-elle au marchand, mais pour
» en bien juger, il me faudrait mes yeux de de-
» main. » Le lendemain, elle n'y eût plus pensé. On lui annonce que le bijoutier demande à parler à Sa Majesté. « Oh! à coup sûr, répond la reine, ce
» n'est point à Ma Majesté qu'il en veut, ce n'est qu'à
» ma fantaisie; vous lui direz qu'elle est partie. » Dans une autre occasion, on vit cette charitable princesse calculer jusqu'au prix d'une robe qui lui plaisait, et refuser de l'acheter, en disant : « C'est trop cher,
» j'ai assez de robes, et nos pauvres manquent de
» chemises. » Que de ressources n'auraient pas les malheureux, si toutes les femmes qui vivent dans l'opulence pensaient et agissaient comme cette vertueuse reine!

Elle avait, dans son appartement, un dépôt où se trouvaient rassemblées toutes les nippes nécessaires aux pauvres, depuis les langes du berceau jusqu'aux linceuls du sépulcre. Ces vêtements avaient été travaillés sous ses yeux ou par ses ordres, et plusieurs étaient l'ouvrage de ses mains. Elle en distribuait une partie par elle-même, et faisait passer la plus considérable par les mains des Sœurs de la Charité, et de quelques autres personnes qu'elle avait chargées d'aller à la découverte des besoins secrets des familles. Enfin, comme si aucun genre d'aumône n'eût dû échapper à son active charité, elle avait chez elle une apothicairerie, où une fille de Saint-Vincent, qu'elle honorait de sa confiance, allait prendre toutes sortes de remèdes pour les pauvres malades de Versailles et des environs. On connaissait si bien l'esprit de charité qui animait la reine, que dans la circonstance de quelque accident au château, s'il arrivait, par exemple qu'un ouvrier se blessât, qu'un particulier fît une chute, on ne faisait pas difficulté de le conduire dans les appartements, où l'on savait qu'il trouverait les secours du moment. On vit plus d'une fois la bonne princesse s'empresser de les administrer elle-même, en attendant l'arrivée d'un homme de l'art, qu'elle faisait appeler aussitôt.

« Sa charité était immense, dit une des personnes
» le plus à portée d'en juger. Elle donnait tout ce
» qu'elle avait, et, quand il ne lui restait plus rien,
» elle vendait ses bijoux. »

Dans un temps de misère plus urgente, elle envoya chez l'orfèvre, non plus seulement ses bijoux, mais généralement tous les effets d'or et d'argent qu'elle avait pour son usage, après avoir pris la précaution de leur en substituer de parfaitement ressemblants en métal de même couleur. Quelque admirable que soit ce trait par le motif qui l'inspirait, on sent assez que le préjugé, plus fort que la raison, en eût fait un crime à une jeune reine, et qu'il ne lui eût pas pardonné de paraître, à la tête de sa cour et dans les cérémonies les plus brillantes, avec des pendants d'oreille de similor, et des boucles de tombac ; mais elle prit si bien ses mesures, que, pendant une année entière que dura la supposition, personne ne la découvrit ni ne la supposa même. Le métal jaune fut de l'or pour tous les yeux, et le blanc était de l'argent. Ce ne fut que longtemps après qu'une femme de chambre, confidente du secret de la princesse, révéla la charitable imposture.

Comme la princesse se promenait un jour dans le parc de Versailles, elle rencontra une pauvre femme fort mal vêtue qui le traversait, tenant un pot à la main, portant un petit enfant sur ses bras, et suivie de plusieurs autres. Elle l'appelle. « Où allez-vous, ma bonne femme? — Madame, je vais porter la soupe à mon homme. — Et que fait votre homme? — Il sert les maçons. — Combien gagne-t-il par jour? — Douze sous à présent, quelquefois dix. — Avez-vous quelque champ ? — Non, madame.

» — Combien avez-vous d'enfants? — Six. — Et
» vous, que gagnez-vous? — Rien, madame ; j'ai
» bien assez d'ouvrage dans mon ménage. — Quel
» est donc votre secret pour tenir votre ménage, et
» nourrir huit personnes avec douze sous par jour,
» et quelquefois dix? — Ah! madame (montrant une
» clé pendue à sa ceinture); le voilà mon secret.
» J'enferme notre pain, et je tâche d'en avoir toujours
» pour mon homme. Si je voulais croire ces enfants-
» là, ils mangeraient dans un jour ce qui doit les
» nourrir une semaine. » La princesse touchée jus-
qu'aux larmes à ce récit, mit dix louis dans la main
de cette pauvre mère, en lui disant : « Donnez donc un
» peu plus de pain à vos enfants. »

Cette pieuse reine accoutumait ses enfants, dès l'âge le plus tendre, à envisager, comme le premier avantage de leur rang, de pouvoir protéger un jour la vertu et faire du bien aux hommes. « Mon fils,
» dit-elle un jour au dauphin, alors âgé de dix ans,
» tandis que vous avez ici tout en abondance, tandis
» que la Providence vous comble de ses bienfaits,
» tandis que plusieurs personnes s'empressent en
» même temps à vous donner une bonne éducation,
» savez-vous ce que je viens d'apprendre? c'est qu'il
» y a dans Paris des milliers de petits malheureux
» enfants de votre âge, errants, sans domicile, cou-

» verts de haillons, manquant souvent de pain et
» d'instruction. Le récit qu'on m'a fait de leur
» situation m'afflige sensiblement sur leur sort, aussi
» ai-je résolu de remettre à monsieur l'abbé de
» Pont-Briant, que voici, tout l'argent dont je puis
» disposer, pour leur procurer au moins les moyens
» de s'instruire de leur catéchisme et de faire avec
» fruit leur première communion. — Ah! maman,
» s'écrie le jeune prince, les larmes aux yeux, s'ils
» sont malheureux, je veux leur donner aussi tout
» ce qu'il y a dans ma cassette. » L'offre fut acceptée,
et l'ecclésiastique, qui sollicitait pour la bonne œuvre,
joignit l'aumône du fils à celle de la mère. Il y
aurait bien moins de malheureux et bien plus d'hommes
charitables, si tous les enfants recevaient de leurs
parents les leçons et les exemples que la reine donnait
au dauphin.

La reine passait moins de temps à sa toilette
qu'aucune dame de sa cour. On lui avait fait entendre
à son arrivée en France qu'elle ferait plaisir au roi
en mettant du rouge. Elle y avait beaucoup de répugnance; mais, complaire à son époux lui semblait
un devoir, et elle en mit. Comme elle n'en avait
pas l'usage, elle le mettait fort mal, ce qui donna
lieu à Louis XV de la plaisanter un jour, en la
comparant à Janus aux deux faces. Elle saisit cette

occasion pour représenter au roi combien il lui en coûtait pour se défigurer ainsi tous les jours ; et ce prince l'assura, de son côté, qu'il était surpris qu'elle eût pu prendre tant de peine pour se donner ces visages artificiels qui ne valaient pas le naturel. Dès-lors la reine s'affranchit pour jamais de cette tyrannie « introduite, disait-elle, par les vieilles et les laides, » qui veulent que leurs filles paraissent aussi vieilles » et aussi laides qu'elles. »

La reine allait souvent dans ces maisons de charité où sont rassemblées toutes les infirmités humaines; et où la mort, sous mille formes hideuses, parle à tous les sens le langage de la tristesse. « C'est ici, » dit-elle, à un seigneur de sa cour, qu'il est bon » de venir pour apprendre à nous connaître. » Un jour qu'elle visitait une salle de l'Hôtel-Dieu de Compiègne, elle s'arrêta à la vue d'un tableau qui représentait Saint-Louis pensant lui-même l'ulcère d'un pauvre qui, dans l'instant, se trouve miraculeusement guéri. La supérieure qui l'accompagnait, lui raconta plusieurs traits de la charité de ce saint roi, fondateur de la maison, dans laquelle il aida lui-même à transporter les premiers malades qui y furent recueillis. La princesse, attendrie au récit qu'on lui faisait, s'écria : « Voilà ce que l'amour de Dieu faisait » faire aux Saints pour l'amour des hommes ! Mais

» nous, que faisons-nous pour les membres souf-
» frants de Jésus-Christ ? » Il est bien peu de personnes
qui, en se faisant la même demande, n'aient sujet de
s'humilier encore plus que cette charitable princesse.

Lorsqu'elle faisait ses visites des hôpitaux, on
essayait quelquefois de lui dérober le spectacle des
agonisants ; mais l'œil de sa charité pénétrant ce
qu'on eût voulu lui cacher, elle ne manquait pas
d'ouvrir les lits qu'elle voyait fermés, et elle adressait
aux pauvres moribonds, qu'elle y trouvait, une courte
exhortation analogue à leur état. Un jour qu'elle
visitait l'hôpital général de Compiègne, la supérieure
l'ayant priée instamment de ne pas s'approcher d'une
malade qui exhalait une odeur fétide et dangereuse,
elle passa devant son lit sans s'arrêter ; mais à peine
fut-elle sortie de la maison, que sa religion et son
bon cœur lui reprochèrent cette omission, qu'elle
appela une insigne lâcheté, et elle eût été la réparer
sur-le-champ, si la duchesse de Villars ne l'en eût
empêchée en se chargeant de l'aller faire en sa place.
Cette dame vint marquer à la supérieure tout le
regret qu'avait la reine de s'être rendue à son avis,
et lui recommanda, de la part de la princesse, de
prendre un soin particulier de la pauvre femme,
qu'elle ne se pardonnait pas de n'avoir pas vue.

Après ce qu'on vient de lire, on ne sera pas

surpris des témoignages d'affection qu'on lui prodiguait, et qui ressemblaient à une espèce d'idolâtrie. Elle n'arriva jamais à Compiègne qu'au milieu des acclamations d'un peuple innombrable, qui, dans l'ivresse de sa joie, se livrait à d'aimables folies. On l'obligeait de s'arrêter avant qu'elle entrât dans le château ; on lui barrait le chemin, on écartait ses gardes, on caressait les chevaux qui avaient amené la bonne princesse. La reine, comme une mère qui revoit ses enfants après une absence qui leur a paru longue, se prêtait à ces jeux folâtres de la tendresse. Elle se montrait au peuple, qu'elle saluait avec le sourire de l'affection. Les cris de joie redoublaient et les chapeaux volaient en l'air. Le jour de son départ, offrait une scène d'un genre tout différent, mais également attendrissante. Longtemps avant qu'elle montât en voiture, les cours du château retentissaient des cris de : *Vive la reine !* Dès qu'elle paraissait, les acclamations redoublaient. Un peuple immense se mettait en devoir de lui faire cortége, l'obligeait de ralentir sa marche, et la suivait aussi loin qu'il pouvait. Chacun se donnait la liberté de lui souhaiter un bon voyage, de la prier de revenir l'année suivante, et elle répondait à ces vœux publics de la voix et du geste. Ces touchants adieux se terminaient toujours par des larmes. La reine les voyait couler

MÉTH. LECT. SAG. 5

de tous les yeux, et le peuple aussi lui voyait essuyer les siennes. « N'est-il pas bien admirable, écrivait-
» elle à cette occasion, que je ne puisse quitter
» Compiègne sans voir pleurer. Je me demande
» quelquefois ce que j'ai fait à tous ces gens que je
» ne connais pas, pour en être tant aimée. Ils me
» tiennent compte de mes désirs. » C'est ainsi qu'elle comptait pour rien elle-même, et les productions de sa charité, et les privations, et les sacrifices auxquels elle se condamnait pour le soulagement de toutes les classes des malheureux.

Non contente de l'exercice habituel de la vigilance chrétienne, la reine savait se ménager, tous les ans, un temps convenable pour examiner sérieusement l'état de son âme, et se renouveler dans la piété, loin du commerce des hommes. C'était ordinairement pendant le voyage de la cour à Compiègne qu'elle faisait cette espèce de retraite dans le couvent des Carmélites de cette ville. Le dauphin avait le privilége exclusif d'y faire visite à la reine. Il se rendait à son appartement après l'heure des offices, et souvent on lui disait que la princesse était encore au chœur. C'est de quoi il lui fit un jour un reproche à sa manière. « Savez-vous bien, maman, lui dit-il,
» que vous finirez par vous brouiller avec sainte
» Thérèse? Pourquoi vouloir être ici plus fervente

» que les plus ferventes Carmélites, et faire toutes
» vos prières plus longues encore que les leurs?
» — C'est, mon fils, lui répondit la reine, que nos
» besoins sont bien plus étendus que ceux de ces
» saintes filles. Elles sont continuellement avec Dieu;
» et moi toujours avec le monde. » En voyant les
grands exemples de piété que leur donnait la reine,
les religieuses pensaient comme le dauphin ; et au
sortir des pieux entretiens qu'elle avait eus avec cette
admirable princesse, l'une d'elles, qui avait toute sa
confiance, ne put s'empêcher de s'écrier un jour,
en présence de toute la communauté : « Nous pou-
» vons bien baiser les pieds de la Sainte qui nous visite.
» Oui, c'est une Sainte, une vraie fille de Sainte-
» Thérèse, auprès de laquelle nous ne méritons pas
» de porter le titre de Carmélites. »

Heureuse l'enfant qui, dès ses premières années,
se rend docile aux leçons que Dieu lui-même lui donne
dans les exemples des saints, et dans les sages conseils
de ses parents et de ses maîtresses ! Elle comprend
encore bien peu le prix de la vertu, et ne s'y assujettit
qu'avec peine ; mais un jour viendra qu'instruite par
l'expérience, elle s'applaudira d'avoir su, de bonne
heure, courber sa tête sous le joug du Seigneur.
Le laboureur, qui voit son champ couvert d'une riche

moisson, oublie ce qu'il lui en a coûté pour le cultiver. Ainsi, et mille fois mieux encore, le chrétien qui termine une vie vertueuse par une sainte mort, ne compte pour rien les sacrifices qui lui ont mérité les richesses éternelles dont il va jouir.

PRIÈRES.

Oraison Dominicale.

Notre Père, qui êtes aux Cieux, que votre nom soit sanctifié ; que votre règne arrive ; que votre volonté soit faite sur la terre comme au Ciel ; donnez-nous aujourd'hui notre pain quotidien ; pardonnez-nous nos offenses comme nous les pardonnons à ceux qui nous ont offensés, et ne nous laissez pas succomber à la tentation ; mais délivrez-nous du mal. Ainsi soit-il.

Salutation Angélique.

Je vous salue, Marie, pleine de grâces, le Seigneur est avec vous ; vous êtes bénie entre toutes les femmes, et Jésus, le fruit de vos entrailles, est béni.

Sainte Marie, Mère de Dieu, priez pour nous, pauvres pécheurs, maintenant et à l'heure de notre mort. Ainsi soit-il.

Symbole des Apôtres.

Je crois en Dieu, le Père tout-puissant, Créateur du Ciel et de la terre ; et en Jésus-Christ son fils unique, Notre-Seigneur, qui a été conçu du Saint-Esprit, est né de la Vierge Marie ; a souffert sous Ponce-Pilate, a été crucifié, est mort et a été enseveli ; est descendu aux enfers ; le troisième jour est ressuscité des morts ; est monté aux Cieux ; est assis à la droite de Dieu le Père tout-puissant, d'où il viendra juger les vivants et les morts.

Je crois au Saint-Esprit, la sainte Église catholique, la communion des Saints, la rémission des péchés, la résurrection de la chair, la vie éternelle. Ainsi soit-il.

La Confession des Péchés.

Je me confesse à Dieu tout-puissant, à la bienheureuse Marie toujours Vierge, à saint Michel Archange, à saint Jean-Baptiste, aux Apôtres saint Pierre et saint Paul, à tous les Saints, et à vous mon Père, parce que j'ai beaucoup péché par pensées, par paroles, par actions et par omissions ; c'est par ma faute, c'est par ma faute, c'est par ma très-grande faute. C'est pourquoi je supplie la bienheureuse Marie toujours Vierge, saint Michel Archange, saint Jean-Baptiste, les Apôtres saint Pierre et saint Paul, tous les Saints, et vous, mon Père, de prier pour moi le Seigneur notre Dieu.

Que Dieu tout-puissant ait pitié de nous, et qu'après nous avoir pardonné nos péchés, il nous conduise à la vie éternelle. Ainsi soit-il.

Que le Seigneur tout-puissant et miséricordieux nous accorde le pardon, l'absolution et la rémission de nos péchés. Ainsi soit-il.

Acte de Foi.

Mon Dieu, je crois fermement tout ce que croit et enseigne la sainte Église catholique, apostolique et Romaine, parce que c'est vous, ô mon Dieu, qui l'avez dit et révélé, et que vous ne pouvez nous tromper. Ainsi soit-il.

Acte d'Espérance.

Mon Dieu, j'espère votre secours et mon salut, par les mérites de Jésus-Christ mon Sauveur ; parce que vous l'avez promis, et que vous êtes fidèle dans vos promesses, Ainsi soit-il.

Acte de Charité.

Mon Dieu, je vous aime de tout mon cœur, par dessus toutes choses, parce que vous êtes infiniment bon et infiniment aimable ; j'aime mon prochain comme moi-même, pour l'amour de vous. Ainsi soit-il.

Acte de Contrition.

Mon Dieu, j'ai un grand regret de vous avoir offensé, parce que vous êtes infiniment bon et infiniment aimable, et que le péché vous déplaît ; je fais un ferme propos, moyennant votre sainte grâce, de ne plus jamais vous offenser. Ainsi soit-il.

Commandements de Dieu.

1. Un seul Dieu tu adoreras,
   Et aimeras parfaitement.
2. Dieu en vain tu ne jureras,
   Ni autre chose pareillement.
3. Les dimanches tu garderas,
   En servant Dieu dévotement.
4. Tes père et mère honoreras,
   Afin de vivre longuement.
5. Homicide tu ne seras,
   De fait ni volontairement.
6. Luxurieux point ne seras,
   De corps ni de consentement.
7. Le bien d'autrui tu ne prendras,
   Ni retiendras à ton escient.
8. Faux témoignage ne diras,
   Ni mentiras aucunement.
9. L'Œuvre de chair ne désireras,
   Qu'en mariage seulement.
10. Les biens d'autrui ne convoiteras,
    Pour les avoir injustement.

Commandements de l'Église.

1. Les dimanches, la Messe ouïras,
   Et les Fêtes de commandement.
2. Ces mêmes jours sanctifieras,
   Sans travailler servilement.
3. Tous tes péchés confesseras,
   A tout le moins une fois l'an.

4. Ton créateur tu recevras,
　Au moins à Pâques humblement.
5. Quatre-Temps, Vigiles jeûneras,
　Et le Carême entièrement.
6. Vendredi chair ne mangeras,
　Ni le samedi mêmement.

Prière à l'Enfant Jésus.

O Jésus, qui avez tant aimé les petits enfants, et qui avez daigné vous faire vous même petit enfant, par amour pour nous, bénissez nos papas, nos mamans, nos frères, nos sœurs, tous nos parents; puis nos bonnes maîtresses et tous nos bienfaiteurs. Faites-nous à nous-mêmes la grâce de conserver l'innocence de notre baptême et de grandir en sagesse, à mesure que nous grandirons en âge. Ainsi soit-il.

Prière quand on se lève.

Je me lève au nom de Notre-Seigneur Jésus-Christ, qui a été crucifié pour moi : bénissez-moi en ce jour, ô mon Dieu ! et conduisez-moi à la vie éternelle. Ainsi soit-il.

Prière quand on se couche.

Que le Seigneur tout puissant et tout miséricordieux nous bénisse et nous conserve, en nous accordant une nuit tranquille et une heureuse fin. Ainsi soit-il.

Prière avant le repas.

Que la main de Jésus-Christ nous bénisse, nous et la nourriture que nous allons prendre. Au nom du Père, et du Fils et du Saint-Esprit. Ainsi soit-il.

Prière après le repas.

Mon Dieu, je vous remercie de la nouriture que vous m'avez donnée, faites-moi la grâce d'en user pour votre gloire et mon salut. Au nom du Père, et du Fils et du Saint-Esprit. Ainsi soit-il.

Poitiers. — Typographie de HENRI OUDIN.

www.ingramcontent.com/pod-product-compliance
Lightning Source LLC
Chambersburg PA
CBHW070301100426
42743CB00011B/2298